Inhalt

Vorwort des Herausgebers

Eine anständige Ehe zu führen ist nicht immer ganz einfach. Doch mit den folgenden Tipps aus dem „Handbuch des guten Tones", einem Standardwerk der Anstandsliteratur aus dem vorigen Jahrhundert, kann eigentlich nichts mehr schiefgehen! Der 1890 erstmals erschienene Benimm-Ratgeber wurde von der Schriftstellerin und Erzieherin Helene Stökl (1845 – 1929) unter dem Pseudonym Konstanze von Franken verfasst und entwickelte sich bis in die Mitte des 20. Jahrhunderts hinein zu einem wahren Bestseller unter den Anstandsbüchern, der bis 1957 immer wieder neu aufgelegt wurde und mit über 398 000 verkauften Exemplaren eine große Leserschaft erreichen konnte.

Der Benimm-Klassiker richtet sich vor allem an das Klein- und Mittelbürgertum und gibt zahlreiche Tipps zu angemessenen Umgangsformen in jeder Lebenslage – sei es vom ordentlichen

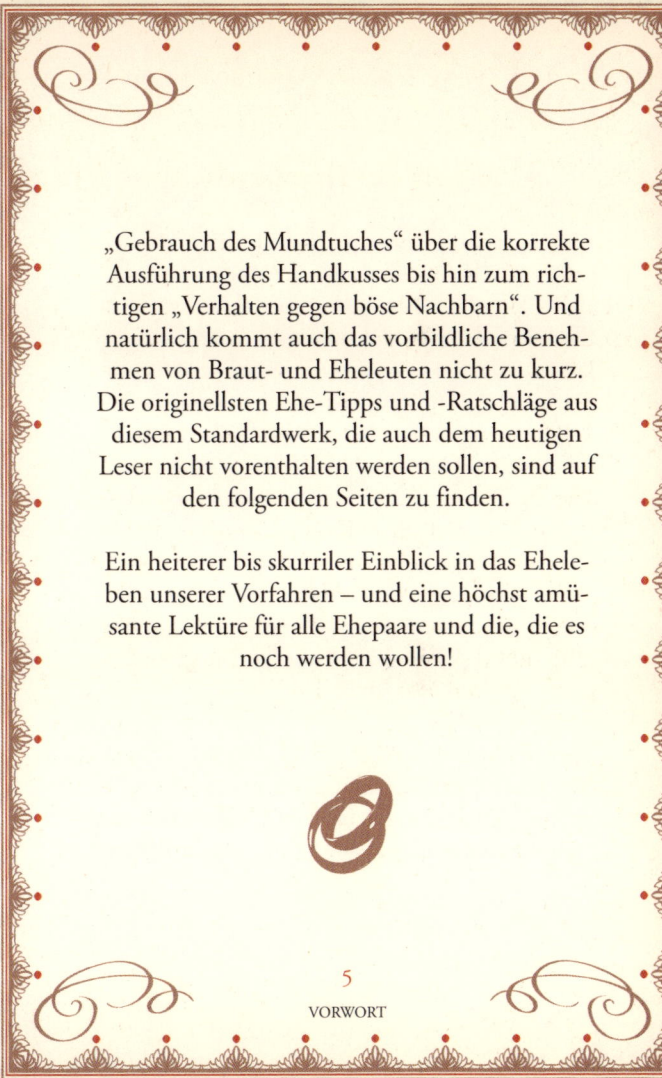

„Gebrauch des Mundtuches" über die korrekte Ausführung des Handkusses bis hin zum richtigen „Verhalten gegen böse Nachbarn". Und natürlich kommt auch das vorbildliche Benehmen von Braut- und Eheleuten nicht zu kurz. Die originellsten Ehe-Tipps und -Ratschläge aus diesem Standardwerk, die auch dem heutigen Leser nicht vorenthalten werden sollen, sind auf den folgenden Seiten zu finden.

Ein heiterer bis skurriler Einblick in das Eheleben unserer Vorfahren – und eine höchst amüsante Lektüre für alle Ehepaare und die, die es noch werden wollen!

1.
Braut und Bräutigam

Der Heiratsantrag

Hast du als junger Mann ein Mädchen gefunden, das du heiraten möchtest, und glaubst du, keine Abweisung befürchten zu müssen, so wirst du einen ungestörten Augenblick unter vier Augen benutzen, um dich der Ausgewählten zu erklären.

Bist du mit dem Mädchen deiner Wahl einig, so hältst du bei den Eltern um die Hand ihrer Tochter an.

In diesem Falle wird den Eltern meist deine Werbung nicht unerwartet kommen, doch musst du dich trotzdem an die Formen halten, die Eltern in aller Form um die Hand ihrer Tochter bitten und ihnen bei dieser Gelegenheit deine Verhältnisse klar und offen darlegen.

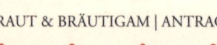

Hast du die Zusage der Eltern erhalten,
so wird in den meisten Fällen die Tochter noch
einmal von den Eltern gefragt werden, ob sie
einwilligt, deine Braut zu werden; nachdem
sie ihr Jawort gegeben hat, darfst du sie in
Gegenwart der Eltern durch einen Kuss als
Verlobte begrüßen und sie mit Du anreden.

Es ist nichts dagegen einzuwenden, dass du
deine Werbung zuerst – das heißt, ehe du mit
dem Mädchen selbst gesprochen hast – bei den
Eltern anbringst. Im Allgemeinen ist dies aber
nicht üblich, da du dann nie sicher sein kannst,
ob das Mädchen deine Gefühle erwidert.

Der Brautstand

Mit der Verlobung beginnt der Brautstand.
Jetzt heißt es, die erworbene Liebe festzuhalten,
denn nicht jede Verlobung führt zur Heirat.

**Der Brautstand räumt dir eine Reihe von
Rechten ein, legt dir aber auch
mancherlei Pflichten auf:**

Du kannst deine Braut täglich besuchen und ihr,
so oft du willst, schreiben.

Du darfst sie mit Du und mit ihrem Vornamen
anreden und sie beim Kommen und Gehen mit
einem Kuss begrüßen.

In Gegenwart von Fremden begnügst du dich
allerdings besser damit, ihr die Hand zu küssen
(außer auf der Straße, wo der Handkuss nicht
üblich ist).

In Gesellschaft vermeidest du alle auffallenden Zärtlichkeitsbezeugungen. Mit ihren Locken zu spielen, ihre Hand zu halten, den Arm um sie zu legen und mit ihr zu flüstern, macht keinen guten Eindruck in Gegenwart anderer. Auch aus einem Augenwink, einem Wort oder einem Händedruck kann deine Braut herausfühlen, dass du sie für die Begehrenswerteste hältst und dass du mit deinen Gedanken bei ihr bist.

Als Braut hast du deinen Verlobten sanft zu erinnern, wenn er einmal die nötige Zurückhaltung vergisst. Sollte er dich im Augenblick auch für kalt und gefühllos halten, so wirst du im Grunde doch nur in seinen Augen dadurch gewinnen. Du hast stets die Sanftere, Maßvollere und Zurückhaltendere zu sein, nicht umgekehrt.

Während es früher durchaus gegen den guten
Ton verstieß, wenn das Brautpaar längere Zeit
allein blieb, und es sich damals bei allen Spazier-
gängen die Begleitung einer dritten Person
(der Mutter, einer älteren Verwandten, einer
Schwester usw.) gefallen lassen musste,
denkt man jetzt viel freier in dieser Beziehung
und zieht dem Verkehr der Brautleute keine so
engen Grenzen mehr.

Heute findet niemand etwas dabei, wenn
Verlobte gemeinsam Ausflüge, Reisen usw.
unternehmen.

Der nähere Verkehr wird manche Vorzüge,
aber auch manche Fehler des anderen Teils
zeigen, die euch vorher fremd waren. Aber es ist
besser, ihr erkennt diese Fehler und Schwächen
in eurer Brautzeit als erst in der Ehe.

Jeder muss versuchen, sich in das Wesen des anderen zu versetzen, die Neigungen und das Wesen des anderen zu verstehen oder ihnen doch achtungsvoll zu begegnen und sich gegenseitig anzupassen.

Bei beiderseitigem Bemühen werden sich in den meisten Fällen die Gegensätze und Verschiedenheiten abschleifen.

Geschenke
während der Verlobungszeit

**Der Brautstand ist die Zeit der Geschenke;
beide Teile suchen ihrer Liebe dadurch sicht-
baren Ausdruck zu geben.**

Die Geschenke, die der Bräutigam seiner Verlobten zu ihrem Namens- oder Geburtstage, zu
Weihnachten oder zu Neujahr oder auch ohne
besondere Veranlassung macht, können sehr
verschiedener Art sein. Sie müssen aber das eine
gemeinsam haben, dass sie sorgfältig ausgewählt
werden, eine zarte, schöne Bedeutung besitzen
und nicht ausschließlich dem praktischen Be-
dürfnis dienen (wenn es sich nicht gerade um
Gegenstände handelt, die für den späteren ge-
meinsamen Haushalt bestimmt sind).

Blumen sind jederzeit eine willkommene Gabe.
Auch Schmucksachen sind passende Geschenke;
ebenso beliebt sind Bücher, Noten oder Gram-
mophonplatten, kunstgewerbliche Dinge u. Ä.

Die Braut erwidert diese Geschenke am besten
durch geschmackvolle Handarbeiten, eine Brieftasche, eine Schreibmappe, ein Album (für die
Fotos von gemeinsam verbrachten Stunden),
ein Zigarren- oder Zigaretten-Etui, ein Bild von
sich in einem schönen Rahmen, Bücher,
Rauchutensilien, Schreibzeug usw.

Auch hier werden Zweckmäßigkeitsgründe,
Beruf und Wünsche des Verlobten maßgebend
sein.

Sie vermeide aber zwecklose, unbrauchbare
Dinge, die dem Bräutigam keinen guten
Eindruck von ihren hausfraulichen Talenten
vermitteln würden.

Wie verkehrt der Bräutigam mit den Angehörigen seiner Braut?

Du kannst deiner Braut keine größere Freude bereiten als durch ein gutes Verhältnis zu ihren Angehörigen.

Setze dich vor allem in ein gutes Einvernehmen zu deiner künftigen Schwiegermutter. Es ist ebenso unfein wie unklug und ungerecht, in das viel verbreitete Vorurteil gegen Schwiegermütter einzustimmen.

Die Frau, die dir ihr höchstes Kleinod, ihre Tochter, anvertraut, kann unmöglich feindlich gegen dich gesinnt sein. Es besteht kein Grund, dass die von jedermann verehrte Frau in dem Augenblick, in dem du ihre Tochter heiratest, sich in eine Person verwandeln soll, für die kein Witz boshaft und kein Spott scharf genug ist.

Komme deiner Schwiegermutter vielmehr
vorurteilslos und liebevoll entgegen.
Wenn du ihr vom ersten Tage an die Verehrung
eines Sohnes widmest, wird sie dich auch gern
wie ihren Sohn behandeln.

Nimm Rücksicht auf ihre Wünsche,
erfreue sie durch kleine Aufmerksamkeiten
und schone ihre Eigenheiten.

Sprich nie unehrerbietig von ihr zu deiner
Braut oder zu anderen.

Gib ihr in äußerlichen,
unwichtigen Dingen nach und beharre in
großen bescheiden, aber fest auf deinem Willen.

Deinen Schwiegervater wirst du weniger
durch äußere Formen als durch deinen
Charakter und durch deine Tüchtigkeit
gewinnen. Aber auch er wird es angenehm
empfinden, wenn du dich ihm gegenüber
aufmerksam und höflich benimmst.

Den Geschwistern deiner Braut begegne
mit der Freundlichkeit eines Bruders und nimm
an ihren Sorgen und Freuden teil.

Wie verkehrt die Braut mit den Angehörigen ihres Bräutigams?

Bemühe dich, die Mutter deines Bräutigams für dich zu gewinnen. Zeige ihr durch dein ganzes Benehmen, dass du ihr nicht den Sohn nehmen, sondern seine Liebe mit ihr teilen willst. Nimm gern ihre Erfahrungen in Anspruch und füge dich, soweit es möglich ist, ihren Wünschen.

Übersieh ihre kleinen Schwächen, suche dich ihr angenehm zu machen, und sei überzeugt, dass dein Verlobter jede Aufmerksamkeit ihr gegenüber so empfindet, als ob du sie ihm erweist.

Deinen künftigen Schwiegervater gewinne durch Heiterkeit, Frische, freundliches Eingehen auf seine Scherze und liebevolles Begegnen seiner Wünsche.

Benimm dich ebenso freundlich und zuvorkommend gegen die Geschwister deines Bräutigams.

Was hat die Braut in Abwesenheit des Bräutigams zu beachten?

Du brauchst dich in Abwesenheit deines Bräutigams nicht von allen Unterhaltungen zurückzuziehen, doch darfst du dich nicht allzu ausgelassen bei ihnen benehmen, dich nie von einem einzelnen Herrn auszeichnen lassen oder ihn gar selber von dir aus auszeichnen. Wenn dein Bräutigam nichts dagegen einzuwenden hast, kannst du auch Bälle ohne ihn besuchen. Es wird am zweckmäßigsten sein, wenn du dir von Fall zu Fall seine Meinung sagen lässt.

Selbstverständlich wirst du in seiner Abwesenheit nichts tun, was du ihm verheimlichen müsstest, sondern wirst ihm viel und ausführlich schreiben.

Im Übrigen wird dir deine Zuneigung zu deinem Verlobten selbst sagen, was du tun darfst und was du unterlassen musst.

Was hat das Brautpaar der Gesellschaft gegenüber zu beachten?

Nachdem die Verlobung veröffentlicht wurde, empfängt das Brautpaar die Glückwünsche seiner Bekannten und erwidert diese, indem es sich ihnen vorstellt.

Bei diesen Besuchen erscheint ihr im dunklen Anzug und vornehmen Straßenkleid.
Die Tageszeit richtet sich nach der jeweiligen örtlichen Sitte.

In Familien stellt ihr euch gemeinsam vor, bei einzelnen Herren macht der Bräutigam seinen Besuch allein.

Steht die Hochzeit dicht bevor, so gelten die Verlobungsbesuche zugleich als Abschiedsbesuche der Braut.

Die Dauer des Brautstandes währt im
Durchschnitt ein halbes Jahr.
Nur besondere Verhältnisse pflegen einen
stark abgekürzten oder sehr langen Brautstand
mit sich zu bringen.

Immer mehr kommt man von großen
Verlobungsfeierlichkeiten ab, und heute
findet auch niemand etwas dabei,
wenn ein Paar ohne vorherige öffentliche
Verlobung heiratet.

2.
Die Hochzeit

Was ziehen Braut und Bräutigam zur Hochzeit an?

Als Bräutigam trägst du auf dem Standesamt
– außer wenn die kirchliche Trauung gleich im
Anschluss an die standesamtliche stattfindet –
dunklen Anzug oder Uniform, als Braut
Straßenkleid oder Kostüm.

Zur kirchlichen Trauung trägst du als Bräutigam
Frack mit Frackhemd, weißer Krawatte und
Frackweste, Knöpfe aus Perlmutter oder Perlen,
Lackschuhe und Zylinder sowie weiße
Handschuhe und im Knopfloch ein Myrten-
sträußchen.

Selbstverständlich kannst du auch
Uniform tragen.

Als Braut wählst du, wenn du jung bist, ein wei-
ßes Kleid aus Seide, Tüll oder Spitze.

Der Schleier aus Tüll oder Spitze soll lang und
duftig sein. Die Art, ihn anzuordnen, hängt von
der jeweiligen Mode ab.

Stehst du schon in vorgerückteren Jahren oder
ist es nicht deine erste Eheschließung, so trägst
du ein hellgraues, lilafarbenes oder zartblaues
Kleid aus Seide oder auch ein schwarzes Samt-
oder Seidenkleid.

Zum Brautkranz nimmst du als junges Mädchen
blühende Myrtenzweige; wenn natürliche nicht
zu beschaffen sind, künstliche.

Eine Witwe trägt keinen vollen Myrtenkranz,
sondern ein Diadem aus Myrten und Orangen-
zweigen oder auch nur aus Letzteren und entwe-
der gar keinen Schleier oder nur einen kurzen,
nach rückwärts fallenden.

Das Brautkleid sei in keiner Weise überladen und auch Schmuck soll nur wenig getragen werden. In der Hand trägst du als Braut Brautstrauß und Spitzentaschentuch.

Weiße Schuhe und weiße Handschuhe vollenden deine Toilette.

Selbstverständlich kann sich das Brautpaar auch im Reiseanzug trauen lassen, um direkt von der Kirche nach dem Bahnhof fahren zu können.

Wo wird die Hochzeit gefeiert?

Die Hochzeit kann im Hause der
Brauteltern oder im Hotel
gefeiert werden.

·

Die Rücksicht auf Raum und Bequemlichkeit
veranlasst viele, das Hochzeitsmahl im Hotel
abzuhalten, da dadurch der Brautmutter
viel Sorge und Mühe erspart werden.
Meist findet die Hochzeit aber im Hause
der Braut statt.

·

Nur in besonderen Fällen, zum Beispiel
wenn die Braut verwaist ist und schon früher
bei den Eltern des Bräutigams lebte
oder diese verhindert sind, sich an den
Wohnort der Brauteltern zu begeben,
wird die Hochzeit im Hause ihrer Schwieger-
eltern stattfinden.

Wie wird das Hochzeitsmahl abgehalten?

Braut und Bräutigam sitzen in der Mitte oder an der Spitze der Tafel, die reich mit Blumen geschmückt ist.

Der erste Trinkspruch gilt dem jungen Paar. Er wird meist nicht von einem Verwandten, sondern von dem Geistlichen oder von einem der anderen geladenen Gäste ausgebracht. Der Bräutigam braucht den Trinkspruch nicht zu erwidern.

Das junge Paar darf sich vor dem Aufbruch der übrigen Gäste entfernen, ohne sich zu verabschieden.

Die Gäste können nach der Abreise des Brautpaares noch zusammenbleiben. Eine größere Hochzeitsfeier wird gewöhnlich mit Tanz beschlossen.

3.
Gatte und Gattin

Für den guten Ton zu Hause ist in erster Linie die Hausfrau verantwortlich.

In ihre Hand ist es gegeben, die Herzlichkeit und Vertraulichkeit, die zwischen ihr und ihrem Gatten herrschen soll, durch die Beachtung guter Umgangsformen vor dem Herabsinken zur Nachlässigkeit und Rücksichtslosigkeit zu bewahren.

Führen Sorgen und Schwierigkeiten in seinem Beruf, der aufreibende tägliche Daseinskampf den Mann einmal dazu, dass er die Erfordernisse des guten Tones zu Hause vergisst, so ist es die Sache der Gattin, ihn durch ihr ganzes Wesen und ihr Beispiel wieder daran zu erinnern.

Der Zwang wird ihm im Augenblick vielleicht lästig fallen, nachträglich wird er ihr aber Dank dafür wissen.

Was hat die Frau dem Gatten gegenüber zu beachten?

Eine Frau, die Wert darauf legt, ihrem Mann zu gefallen, muss jede Nachlässigkeit in ihrem Äußeren vermeiden.

•

Die Kleidung, in der sie sich ihrem Mann zeigt, soll stets kleidsam, wenn auch einfach sein. Nie soll sie ihrem Mann, ungepflegt und liederlich angezogen, Gelegenheit geben, Vergleiche zwischen ihr und anderen Frauen anzustellen, die zu ihrem Nachteil ausfallen könnten.

Ihre Kleidung im Hause sei zweckmäßig, freundlich und sauber. Sie muss sich davor hüten, gerade in Gegenwart ihres Gatten alte Sachen aufzutragen, und soll sich vor ihm nie nachlässiger angezogen als vor anderen zeigen. Auch wenn sie selbst grobe Arbeiten verrichten muss, ist das noch kein Grund, um ungepflegt herumzulaufen.

Es wäre ihr größter Fehler, zu glauben, dass sie nichts mehr auf ihr Äußeres zu halten brauche, da sie ja nun verheiratet sei. Dieser Irrtum war schon oft der Anlass, der eine glückliche Ehe zerstörte.

Das alles bedeutet nun nicht, dass die Hausfrau in ihrem Heim dauernd in eleganter Aufmachung glänzen soll. Aber schließlich ist noch ein großer Unterschied zwischen einfacher, sauberer, geschmackvoller Kleidung und übertriebener geputzter Eleganz.

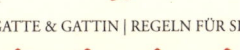

Ebenso wichtig wie gepflegte Kleidung ist die Pflege des gesamten Äußeren. Es ist ein geradezu unmöglicher Zustand und zeugt von sehr geringer Rücksichtnahme aufeinander, wenn die Hausfrau mit fettig glänzendem Gesicht und ungekämmten Haaren, in Morgenrock und Hausschuhen, ungewaschen am Frühstückstisch erscheint, während der Gatte mit Hosenträgern oder in der Weste, vielleicht noch ohne Kragen, und unrasiert ihr gegenübersitzt. Es ist wohl selbstverständlich, dass dadurch die beiderseitige Stimmung nicht gehoben wird.

Es wird einen wesentlichen Teil zum häuslichen Glück beitragen, wenn die Ehepartner einander den Anblick eines ungepflegten Äußeren ersparen und in dieser Beziehung einander durch gegenseitige Rücksichtnahme ihre Zuneigung beweisen.

GATTE & GATTIN | REGELN FÜR SIE

Merke dir als Frau Folgendes:

Sei so aufmerksam gegen den Gatten,
wie du es gegen den Verlobten warst.

Frage ihn erst nach seinen Wünschen,
ehe du ihn mit deinen eigenen quälst.

Räume ihm, soweit es dir möglich ist,
jede Unbequemlichkeit aus dem Wege und
verschone ihn mit Berichten über häusliche
Unannehmlichkeiten.

Richte sein Zimmer bequem und nach seinen
Wünschen ein. Überlasse ihn in diesem Raum
seinen Liebhabereien, ohne ihn zu stören und
ihm Vorschriften zu machen.

Bringe seine Lieblingsspeisen auf den Tisch und
achte auf sorgfältige Zubereitung der Gerichte.
Halte Verdrießlichkeiten während des Essens
von ihm fern.

·

Halte den Hausangestellten gegenüber sein
Ansehen hoch und lasse sie etwaige Meinungs-
verschiedenheiten zwischen dir und deinem
Gatten nicht merken.

·

Gewöhne die Kinder daran, sein Urteil als
höchste Instanz anzusehen.

·

Verheimliche nichts vor ihm.

Mache ihm keine Szenen, sondern sei jederzeit
zur Verzeihung bereit und biete auch die Hand
zur Versöhnung, selbst wenn du dich im Recht
glaubst.

Er hat so viel Ärger im täglichen Lebenskampf,
dass du ihm nicht den Frieden seines Heims
zerstören sollst.

Habe stets Zeit für ihn. Ziehe seine Gesellschaft
jeder anderen vor.

Sprich zu niemand von seinen Fehlern.

Öffne seine Briefe nicht
und durchstöbere nicht seine Brieftasche.

Bewahre seine Geheimnisse
und teile seine Interessen.

Sei liebenswürdig gegen die
früheren Freunde deines Mannes.

∙

Suche deinen Gatten zur Beachtung der
gesellschaftlichen Rücksichten zu bewegen.

∙

Unterhalte geselligen Verkehr und nimm die
Mühen von Gastlichkeiten auf dich, wenn sie
ihm Vergnügen machen.

∙

Führe deinen Haushalt so, dass der Mann
auf dich und sein Heim stolz sein kann.

∙

Betätige dich nur so weit im öffentlichen Leben
oder mit besonderen Liebhabereien, dass deine
Häuslichkeit nicht darunter leidet.

∙

Übernimm keine größeren geldlichen
Verpflichtungen ohne sein Wissen.

43

Lass etwaige Streitigkeiten nie nach außen
dringen und lass keine dritte Person zwischen
ihn und dich treten.

•

Lass dich niemals vom Zorn übermannen,
ihn anzuschreien oder ungeduldig zu sein,
besonders nicht, wenn er abgespannt nach
Hause kommt.

•

Überwinde alle Unannehmlichkeiten
mit Geduld und zeige ihm stets Heiterkeit,
Nachsicht und Selbstlosigkeit.

Besitzt du in manchen Dingen eine
gründlichere Bildung oder bessere Erziehung,
so lass dich dadurch nicht verleiten, auf deinen
Mann herabzusehen.

·

Er soll stets von dem frohen Bewusstsein
erfüllt sein, dass sein Heim eine
Zufluchtsstätte für ihn ist.

Was hat der Gatte der Gattin gegenüber zu beachten?

Vergiss nie, in deiner Frau auch die
Dame zu sehen.

•

Erlaube dir ihr gegenüber keine
Rücksichtslosigkeit, die du einer anderen
Dame gegenüber vermeiden würdest.

•

Verletze ihr Zartgefühl nicht
durch ungehörige Ausdrücke.

•

Mache dich nicht zum Haustyrannen,
vor dem sich alle fürchten.

•

Trage die Unannehmlichkeiten deines Berufes
nicht in die Familie und vermeide es, den beruf-
lichen Ärger des Tages zu Hause auszulassen.

•

Vernachlässige dein Äußeres
und die Umgangsformen nicht.

47

**Erfreue deine Gattin durch kleine Geschenke
und Aufmerksamkeiten.**

Vergiss weder ihren Geburtstag noch euren
Hochzeitstag und wende deinen ganzen Scharf-
sinn an, um ihre Wünsche zu erraten. Es macht
einen lieblosen Eindruck, wenn du ihr einfach
das Geld zum Einkaufen der Geschenke gibst,
um dir selbst jede Mühe und jedes Kopfzerbre-
chen zu ersparen.

Gehe auch ab und zu mit deiner Gattin aus.
Sie sitzt den ganzen Tag zu Hause und freut sich
über jede Abwechslung.

Betrachte deine Frau nicht nur als Hausfrau und
Wirtschafterin, sondern auch als Gefährtin und
Kameradin.

Spotte nicht über ihre Neigungen und ihre geis-
tigen oder künstlerischen Bestrebungen, sondern
versuche sie zu teilen oder zumindest zu achten.

Übt sie selbst noch eine berufliche Tätigkeit aus,
so unterstütze sie und achte ihre Arbeit.

Erlaube dir nie eine missfällige Bemerkung
über sie oder ihre Anordnungen
in Gegenwart anderer.

Halte deine Kinder, auch die erwachsenen,
dazu an, ihr stets voll Achtung und Ehrerbietung
zu begegnen.

Erweise ihr all die kleinen Dienste, die du auch
anderen Frauen erweisen würdest. Erhebe dich,
um sie zu begrüßen; bücke dich, wenn ihr etwas
zur Erde fällt; überlass ihr den besseren Platz;
hilf ihr beim Anlegen ihrer Sachen; lass sie stets
vorangehen (außer im Lokal); lies ihr vor, und
sei in allen Dingen ihr gegenüber so aufmerksam, wie du es vor der Hochzeit warst.

Vertraue deiner Frau in Geldsachen und
lass sie nicht in Unkenntnis deiner
Geldverhältnisse.

●

Bemiss das Wirtschaftsgeld nicht zu niedrig
und lass sie nicht lange darum bitten. Bedenke,
wie demütigend es für sie ist, sich wegen jedes
Paares Strümpfe, jedes Frisörbesuches bittend an
dich wenden zu müssen.

●

Setze ihr am besten ein Taschengeld für ihre
persönlichen Bedürfnisse aus. Dadurch wirst du
ihr und dir viele Unannehmlichkeiten ersparen.

●

Die Liebe zwischen Gatte und Gattin wird
durch die Wahrung des guten Tones nicht
beeinträchtigt, sondern im Gegenteil gefestigt
und veredelt.